초등학생이
가장 궁금해하는
수수께끼
과학상식
100

초등학생이 가장 궁금해하는 수수께끼 과학상식 100

2019년 6월 10일 초판 1쇄 발행
2021년 1월 30일 초판 3쇄 발행

글 | 조영경
그림 | 김재일

펴낸이 | 정동훈
편집전무 | 장정숙
펴낸곳 | (주)학산문화사
등록 | 1995년 7월 1일 제3-632호
주소 | 서울시 동작구 상도로 282 학산빌딩
전화 | 편집문의 828-8872~3, 주문전화 828-8985
팩스 | 816-6471(편집부), 823-5109(영업부)

편집 | 송미진, 김상범
디자인 | 장현순
마케팅 책임 | 최낙준
마케팅 | 김관동, 이경진, 심동수, 고정아, 고혜민, 서행민, 양재원
제작 | 김장호, 김종훈, 정은교, 박재림

ⓒ조영경, 김재일 2019
ISBN 979-11-348-2993-3 74400
ISBN 979-11-256-5301-1 (세트)

※KC마크는 이 제품이 공통안전기준에 적합하였음을 의미합니다.
※이 책은 저작권법에 따라 한국 내에서 보호받는 저작물이므로 무단 전재와 무단 복제를 금합니다.
　이 책의 전부 또는 일부를 이용하려면 반드시 저작권자와 출판사의 동의를 받아야 합니다.
※잘못된 책은 바꾸어 드립니다.

| 머리말 |

과학 수수께끼가 세상을 발전시켰다고요?

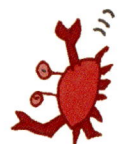

먼 옛날 지진이 일어났을 때 사람들은 지구가 감기에 걸려 몸을 떠는 것이라고 생각했대요. 또 지구는 가만있고 태양이 지구 주위를 돌고 있다고 믿는 사람도 많았죠. 지금 생각하면 말도 안 되는 소리지만, 사람들은 수수께끼와 같은 이러한 현상을 연구해서 과학적인 원인을 찾아냈어요. 그러한 사람들의 노력 덕분에 과학이 여기까지 발전할 수 있었죠.

여러분 주위에도 '왜?'라고 생각되는 수수께끼가
많이 있을 거예요. 이 책은 초등학생들이 가장 궁금해하는
과학 수수께끼들을 엮었어요.
이 책을 통해 궁금증도 풀고 더 큰 궁금증도 키워 보세요.
그렇게 더 많이 생각하고 더 많은 책을 찾아보면
과학 수수께끼의 박사가 될 거예요. 수수께끼 박사가 되는데
이 책이 많은 도움이 되었으면 좋겠어요.

조영경

| 차례 |

1. 지구는 둥글다면서 땅은 왜 평편해요? · 8
2. 지구 반대쪽에 있는 사람은 왜 안 떨어져요? · 9
3. 땅을 계속 파면 지구 반대쪽 나라에 갈 수 있나요? · 10
4. 낮과 밤은 왜 생기는 거예요? · 11
5. 달은 왜 모양이 변해요? · 12
6. 별은 왜 반짝반짝 빛나요? · 13
7. 낮에는 왜 별이 안 보여요? · 14
8. 비행기 타고는 달에 못 가요? · 15
9. 우주비행사들은 우주에서 무엇을 먹어요? · 16
10. 밀물과 썰물은 왜 생기는 거예요? · 17
11. 행성은 왜 공처럼 생겼어요? · 18
12. 구름 색깔은 왜 달라요? · 19
13. 구름은 어떻게 떠 있는 거예요? · 20
14. 해가 질 때 왜 노을이 져요? · 21
15. 하늘은 얼마나 높아요? · 22
16. 천둥하고 번개는 왜 늘 같이 다녀요? · 23
17. 계절은 왜 바뀌어요? · 24
18. 황사는 도대체 어디에서 오는 거예요? · 25
19. 바닷물은 왜 짜요? · 26
20. 별똥별은 누구 똥이에요? · 27
21. 왜 사막에는 모래가 많아요? · 28
22. 지진은 왜 일어나요? · 29
23. 화산은 왜 폭발해요? · 30
24. 오늘 먹은 밥은 언제 똥이 돼요? · 31
25. 꾹 참은 방귀는 어디로 가요? · 32
26. 음식 색깔은 다양한데 왜 똥 색깔은 비슷해요? · 33

27. 추울 때 왜 입김이 나와요? · 34
28. 때는 왜 밀어도 계속 생겨요? · 35
29. 머리카락은 잡아당기면 아픈데 왜 자를 때는 안 아파요? · 36
30. 독감하고 감기는 다른 거예요? · 37
31. 환경 호르몬이 뭐예요? · 38
32. 입으로 분 풍선은 왜 안 떠요? · 39
33. 웃음이 정말 보약이에요? · 40
34. 몸이 아프면 왜 열이 나요? · 41
35. 매운맛은 맛이 아니라면서요? · 42
36. 아기는 뱃속에서 어떻게 숨을 쉬어요? · 43
37. DNA가 뭐예요? · 44
38. 피는 왜 빨간색이에요? · 45
39. 추울 때 왜 입술이 파래져요? · 46
40. 여자는 왜 수염이 안 나요? · 47
41. 피부색은 왜 다 달라요? · 48
42. 주사는 왜 팔뚝에도 놓고 엉덩이에도 놔요? · 49
43. 같은 입김인데 왜 '후' 하면 차갑고 '하' 하면 따뜻해요? · 50
44. 대머리도 비듬이 생겨요? · 51
45. 아이가 울면 왜 토닥토닥해 줘요? · 52
46. 꿈은 왜 꿔요? · 53
47. 키가 크려면 어떻게 해야 해요? · 54
48. 멀미는 왜 해요? · 55
49. 배에서는 왜 꼬르륵 소리가 나요? · 56
50. 부러진 뼈는 어떻게 다시 붙어요? · 57

51 머리카락은 기를 수 있는데 왜 눈썹은 못 길러요? · 58
52 독감 예방 주사를 맞으면 독감에 안 걸려요? · 59
53 화분 바닥에는 왜 구멍이 뚫려 있어요? · 60
54 과일은 익으면 왜 색깔이 변해요? · 61
55 선인장은 왜 가시가 많아요? · 62
56 은행나무 열매는 왜 그렇게 냄새가 고약해요? · 63
57 달걀은 삶으면 왜 단단해져요? · 64
58 겨울에는 왜 수도관이 터져요? · 65
59 불을 끌 때 왜 물을 뿌려요? · 66
60 겨울에는 왜 길에 하얀 가루를 뿌려요? · 67
61 무지개는 진짜 일곱 색깔인가요? · 68
62 유리는 액체예요, 고체예요? · 69
63 열대야는 왜 나타나는 거예요? · 70
64 녹조가 왜 문제예요? · 71
65 사과는 깎아 놓으면 왜 색깔이 변해요? · 72
66 곶감의 하얀 가루는 먹어도 돼요? · 73
67 지구가 도는데 우리는 왜 어지럽지 않나요? · 74
68 번갯불에 콩을 볶아 먹을 수 있나요? · 75
69 번개는 왜 지그재그로 쳐요? · 76
70 우리나라는 왜 석유가 안 나와요? · 77
71 공포 영화는 왜 여름에 많이 나와요? · 78
72 비상구 불빛은 왜 초록색이에요? · 79
73 쓰레기는 왜 냄새가 나요? · 80
74 같은 나무인데 어떤 때 재가 되고 어떤 때 숯이 돼요? · 81
75 이글루에서 불을 피우면 다 녹나요? · 82

76 바닷물은 왜 마시면 안 돼요? · 83
77 고양이 수염은 왜 자르면 안 돼요? · 84
78 물고기도 잠을 자나요? · 85
79 개는 왜 혀를 내밀고 헉헉거려요? · 86
80 파리는 왜 다리를 비벼요? · 87
81 매미는 왜 여름에 그렇게 우는 거예요? · 88
82 모기에 물리면 왜 간지러워요? · 89
83 새우랑 게는 삶으면 왜 빨개져요? · 90
84 카멜레온은 어떻게 색을 바꾸는 거예요? · 91
85 산호가 동물이라면서요? · 92
86 곰은 겨울잠을 잘 때 오줌도 참아요? · 93
87 동물들은 여름잠은 안 자요? · 94
88 물고기는 어떻게 물속에서 숨을 쉬어요? · 95
89 물고기도 나이를 알 수 있나요? · 96
90 비 오는 날은 왜 그렇게 지렁이가 많은 거예요? · 97
91 반딧불이는 어떻게 불빛을 만들어요? · 98
92 거미는 어떻게 거미줄에 안 걸려요? · 99
93 소라 껍데기에 귀를 대면 왜 파도 소리가 들려요? · 100
94 목이 긴 기린은 목뼈가 몇 개예요? · 101
95 뱀은 왜 혀를 날름거려요? · 102
96 비가 많이 와서 개미집에 물이 차면 어떻게 해요? · 103
97 알은 왜 타원형 모양이에요? · 104
98 벌레는 왜 빛을 보면 날아들어요? · 105
99 고래 머리에서 나오는 물은 바닷물이에요? · 106
100 의사는 수술실에서 왜 푸른빛 가운을 입을까요? · 107

 # 지구는 둥글다면서 땅은 왜 평편해요?

　우리는 평소에 지구가 둥글다는 것을 느끼지 못해요. 왜냐하면 지구는 굉장히 크고 그 안에 사는 사람은 아주 작기 때문이에요. 땅 위에 그은 선이 우리 눈에는 직선으로 보이지만 멀리 우주에서 보면 지구의 표면을 따라 그린 곡선이에요. 거대한 지구에 사는 우리 눈에는 땅이 평편하다고 느낄 뿐 지구는 둥글답니다.

지구 반대쪽에 있는 사람은 왜 안 떨어져요?

　지구 중심에서는 우리를 끌어당기는 힘이 있어요. 이것을 '중력'이라고 해요. 중력은 우리뿐만 아니라 모든 물체를 끌어당겨요. 산이나 건물은 물론 강이나 바다 그리고 공기까지도요. 그래서 지구에 있는 모든 물체들은 떨어지지 않고 지구에 찰싹 붙어 있는 거예요.

땅을 계속 파면 지구 반대쪽 나라에 갈 수 있나요?

지구는 네 겹으로 되어 있어요. 마치 달걀과 비슷해요. 달걀 껍데기와 같은 지각이 있고 달걀흰자와 같은 맨틀이 있고 또 달걀노른자와 같은 핵이 있어요. 핵은 외핵과 내핵으로 나뉘어요. 그런데 속으로 들어가면 갈수록 온도가 점점 올라가요. 지구 가장 중심에 있는 핵의 온도는 섭씨 6천 도나 된답니다.

why 4 낮과 밤은 왜 생기는 거예요?

　지구는 스스로 돌아요. 이것을 '자전'이라고 해요. 그러면서 태양 주위를 돌아요. 이것을 '공전'이라고 하죠. 지구가 태양을 마주보며 지나갈 때는 낮이 돼요. 그리고 태양을 등지고 있으면 밤이 되는 거예요. 해가 뜨고 진다고 하지만 사실 지구가 태양 주위를 돌기 때문에 태양이 보였다 안 보였다 하는 거예요.

달은 왜 모양이 변해요?

 달은 지구처럼 스스로 돌아요. 그리고 지구가 태양 주위를 도는 것처럼 달은 지구 주위를 돌지요. 지구와 같이 태양 주위를 돌다 보니 태양빛을 받는 정도에 따라 달의 모양이 달라져요. 태양빛을 모두 받을 때는 보름달로 보이고, 태양빛을 적게 받으면 그믐달이나 초승달로 보이는 거예요.

별은 왜 반짝반짝 빛나요?

별은 태양처럼 스스로 빛을 내는 천체예요. 그런데 태양처럼 둥글게 보이지 않고 뾰족하게 보이는 이유는 지구까지 오는 별빛의 양이 아주 적기 때문이에요. 게다가 지구를 둘러싸고 있는 공기가 움직일 때마다 별빛이 흔들려서 별이 반짝이는 것처럼 보이는 거예요.

낮에는 왜 별이 안 보여요?

별은 늘 그 자리에 있어요. 그런데 별이 밤에만 보이고 낮에 안 보이는 이유는 태양 때문이에요. 태양빛이 워낙 강해서 다른 별들이 반짝거려도 보이지 않아요. 태양빛이 사라지는 밤에 깜깜해지면 그제야 별빛이 보이는 거예요.

why 8 비행기 타고는 달에 못 가요?

　비행기는 하늘 높이 날지만 우주까지 갈 수는 없어요. 왜냐하면 비행기는 연료를 태워서 날기 때문이에요. 연료를 태우려면 산소가 필요해요. 그런데 우주에는 공기가 없기 때문에 연료를 태울 수 없어요. 그래서 비행기를 타고 달나라까지 갈 수 없답니다.

우주비행사들은 우주에서 무엇을 먹어요?

우주선을 타고 있는 우주비행사들은 음식을 흘리지 않도록 비닐 팩이나 튜브, 캔 등 특수 용기에 담긴 음식을 먹어요. 그리고 우주에서 배변 처리를 쉽게 할 수 있도록 음식의 영양분이 최대한 몸에 흡수되고 똥이 적게 나오도록 만들어진 음식을 먹는답니다. 그래서 먹는 양에 비해 똥의 양이 많지 않아요.

밀물과 썰물은 왜 생기는 거예요?

　밀물과 썰물이 생기는 이유는 달이 바닷물을 끌어당기기 때문이에요. 이 힘을 '인력'이라고 해요. 달의 인력이 바닷물을 끌어당기면 바닷물의 양이 많아져 밀물이 되고, 다시 바닷물이 되돌아오면 썰물이 되는 거예요. 달의 인력과 원심력 때문에 지구에서는 하루에 두 번씩 밀물과 썰물이 일어나요.

행성은 왜 공처럼 생겼어요?

　우주에 있는 대부분의 행성들은 공처럼 생겼어요. '인력' 때문이지요. 인력은 물체들끼리 서로 끌어당기는 힘을 말해요. 우주에 있는 모든 물체는 인력을 중심으로 돌아요. 그래서 지구도 달도 태양도 그 외 대부분의 행성이 공처럼 둥근 모양을 이루게 되는 거예요.

# 구름 색깔은 왜 달라요?

구름은 우리 주변에 있는 수증기가 하늘로 올라가 물방울이나 얼음 알갱이로 뭉쳐진 거예요. 만약 물방울이 많아지면 구름 색깔이 흰색에서 회색 그리고 검은색으로 점점 짙어져요. 그래서 검은 먹구름은 물방울을 아주 많이 가지고 있어서 곧 비가 내리기 쉬워요.

why 13 구름은 어떻게 떠 있는 거예요?

지구에 있는 모든 물체는 중력의 영향을 받아요. 그런데 구름이 땅으로 떨어지지 않고 하늘에 떠 있는 이유는 구름의 알갱이들이 작기 때문이에요. 공기도 중력의 영향을 받지만 구름 알갱이는 공기의 힘으로도 떠 있을 수 있을 정도로 아주 작아요. 그래서 아무리 거대한 구름도 공기가 움직이는 대로 흘러가는 거예요.

why 14 해가 질 때 왜 노을이 져요?

태양빛은 하얀색으로 보이지만 사실 여러 가지 색깔이에요. 해가 낮게 떠 있으면 공기 중에 흩어져 있는 태양빛 가운데 붉은색이 유독 우리 눈에 많이 들어와요. 게다가 공기에 있는 작은 먼지 알갱이들이 빛을 흩뜨리기 때문에 해가 질 무렵이면 노을이 보이는 거예요.

15 하늘은 얼마나 높아요?

하늘은 대류권, 성층권, 중간권, 열권으로 나뉘어요. 공기는 대부분 대류권에 있어요. 그리고 가장 높은 곳에 있는 열권은 땅에서 약 1,000킬로미터 정도 돼요. 열권 밖은 우주이니까 하늘은 약 1,000킬로미터 정도 된다고 할 수 있어요.

천둥하고 번개는 왜 늘 같이 다녀요?

 번개가 칠 때 주변 공기가 섭씨 3만 도까지 뜨거워져요. 공기가 뜨거워지면 부피가 늘어났다가 열이 식으면서 공기 부피가 줄어들죠. 이때 충격파가 만들어져요. 그 소리가 바로 천둥소리예요. 그런데 빛과 소리는 속도가 달라요. 소리보다 빛이 빠르기 때문에 번개가 지나간 다음에야 천둥소리가 들리는 거랍니다.

계절은 왜 바뀌어요?

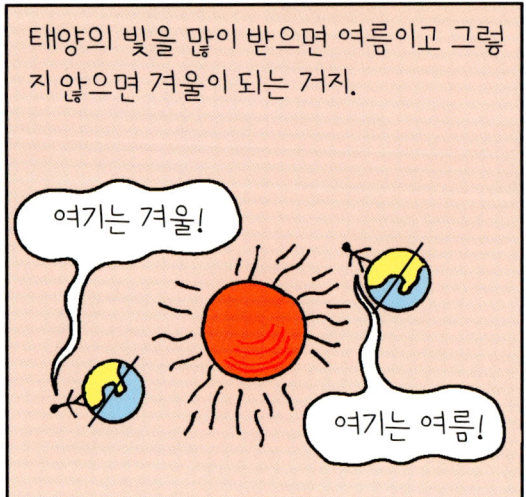

 지구는 1년에 한 번씩 태양 주위를 돌아요. 그런데 똑바로 서서 도는 게 아니라 북반구 쪽이 약 23.5도 태양 쪽으로 기울어져서 돌아요. 그러다 보니 지구는 햇빛을 받는 정도에 따라 계절이 바뀌어요. 만약 북반구가 태양 쪽으로 향하고 있으면 태양빛을 많이 받아 여름이고 남반구는 태양빛을 적게 받아 겨울이 돼요.

why 18 황사는 도대체 어디에서 오는 거예요?

　황사는 하늘 높이 올라간 미세한 모래 먼지가 하늘을 덮었다가 떨어지는 것을 말해요. 중국과 몽골의 사막 지대에서 모래 먼지가 바람을 타고 서해를 건너 우리나라로 넘어오는 거예요. 황사는 건강에도 안 좋을 뿐만 아니라 농작물에도 피해를 줘요. 그리고 반도체나 항공기 등의 기계에 문제를 일으키기도 한답니다.

19 바닷물은 왜 짜요?

　지구가 처음 생긴 이후 아주 오랫동안 많은 비가 내렸어요. 이 빗물은 낮은 곳으로 흘러가 바다가 되었지요. 이때 공기 속에 있던 물질과 땅과 바위 속에 있던 물질이 녹아 바다로 흘러 갔어요. 나트륨도 녹아 들어 가 염화나트륨, 즉 소금이 되어 바닷물이 짠맛을 내는 거예요.

별똥별은 누구 똥이에요?

별똥별은 이름만 들으면 별 같지만 사실 별이 아니에요. 우주를 떠돌던 부스러기예요. 지구가 끌어당기는 힘에 이끌려 지구로 떨어지다가 대기권에 들어서면 공기와 마찰을 일으키며 불이 붙은 거지요. 불타오르면서 떨어지는 모습이 마치 작은 별처럼 보이는 거랍니다.

왜 사막에는 모래가 많아요?

사막은 낮과 밤의 기온 차이가 심해요. 낮에 뜨거웠던 공기가 저녁이 되면 이슬이 되어 바위틈에 스며들어요. 이슬은 밤새 얼음이 되어 부피가 늘어나 바위를 깨뜨려요. 그렇게 바위가 쪼개져 돌멩이가 되고 모래가 되기 때문에 사막에는 모래가 많아요.

 # 지진은 왜 일어나요?

지구의 대륙은 여러 개의 조각 즉 '판'으로 이루어져 있어요. 그런데 지구 안에서 압력이 높아지면 이 판을 서로 밀거나 잡아당기는 힘이 생겨요. 그러면 판끼리 부딪치면서 땅이 갈라지고 지진이 일어나는 거예요. 때로 화산이 폭발할 때 지진이 일어나기도 해요.

23 화산은 왜 폭발해요?

땅속 깊은 곳에 암석이 녹아 액체가 된 뜨거운 마그마가 있어요. 마그마는 작은 틈이 보이면 조금씩 올라와요. 그리고 가스와 뜨거운 열기가 가득하면 압력이 높아져 밖으로 폭발하는 게 화산이에요. 마그마가 밖으로 흘러나오면 용암이 돼요. 용암은 땅에서 점점 식어서 딱딱하게 굳어 암석이 돼요.

오늘 먹은 밥은 언제 똥이 돼요?

음식을 먹으면 식도를 거쳐 위 그리고 작은창자와 큰창자를 지나가요. 그러는 동안 음식물은 소화되고 각 기관에 영양분이 흡수되죠. 영양분이 다 흡수된 음식 찌꺼기들은 큰창자에서 수분까지 흡수되고 나면 똥으로 나와요. 이 모든 과정이 약 30시간 정도 걸려요. 그러니까 오늘 먹은 밥은 내일이나 모레쯤 똥이 될 거예요.

why 25 꾹 참은 방귀는 어디로 가요?

　방귀는 음식을 먹을 때 뱃속에 같이 들어간 공기와 음식물이 분해될 때 생기는 가스가 우리 몸 밖으로 나오는 거예요. 만약 방귀를 참으면 가스는 다시 핏속으로 녹아들어요. 그래서 일부는 오줌이나 똥으로 같이 나오기도 해요. 그리고 나머지는 폐를 통해 입으로 나오기도 한답니다.

음식 색깔은 다양한데 왜 똥 색깔은 비슷해요?

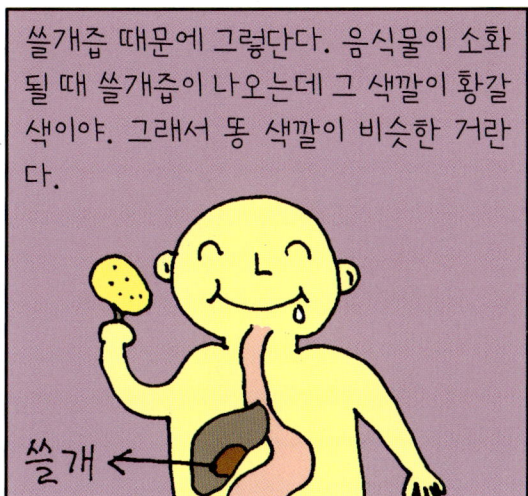

쓸개즙은 소화를 돕는 액체예요. 주로 지방 성분이 잘 소화될 수 있도록 도와줘요. 소화가 될 때 쓸개즙이 섞이면 음식물의 색깔이 누렇게 변해요. 그런데 이 쓸개즙 색깔이 황금색이나 황갈색이에요. 그래서 어떤 음식을 먹든 똥 색깔이 비슷하답니다.

why 27 추울 때 왜 입김이 나와요?

우리는 숨을 쉬면 몸속에 있던 따뜻한 공기가 나와요. 만약 날씨가 추우면 우리 몸속의 따뜻한 공기와 바깥의 차가운 공기가 만나 물방울을 만들어요. 그리고 이 물방울이 모여서 하얀 입김이 되는 거예요. 더운 여름에는 밖의 공기 온도와 입에서 나오는 숨의 온도가 거의 비슷하기 때문에 입김이 나지 않아요.

때는 왜 밀어도 계속 생겨요?

우리 피부를 덮고 있는 세포는 수명을 다하면 말라 버려요. 그리고 새로운 세포가 생기면서 죽은 세포는 밀려나게 돼요. 그런데 죽은 세포는 그냥 우리 피부에서 떨어지는 게 아니라 주변의 먼지와 만나면서 때가 돼요. 그렇기 때문에 때는 밀어도 계속 생길 수밖에 없어요.

머리카락은 잡아당기면 아픈데 왜 자를 때는 안 아파요?

　머리카락은 피부 아래에 뿌리를 두고 있어요. 그곳을 '모낭'이라고 해요. 모낭에서 새로운 세포가 헌 세포를 위로 밀어낸 것이 머리카락이에요. 다시 말해 세포가 죽어서 딱딱해진 것이 머리카락인 셈이죠. 그래서 신경 세포가 없기 때문에 머리카락을 잘라도 느낌이 없어요.

30. 독감하고 감기는 다른 거예요?

　감기가 심하면 독감이라고 생각하는데 둘은 서로 달라요. 감기는 면역력이 떨어지면 걸려요. 그래서 계절과 상관없이 여름에도 감기에 걸려요. 하지만 독감은 주로 가을과 겨울에 걸려요. 또한 독감은 예방 접종을 할 수 있지만 감기는 바이러스 종류가 200개가 넘기 때문에 예방 접종을 할 수 없어요.

환경 호르몬이 뭐예요?

호르몬은 우리 몸의 기관들이 활동할 수 있도록 도와줘요. 그런데 환경 호르몬은 화학 물질이에요. 동물이나 사람 몸속에 들어가서 호르몬인 척 행동하면서 심각한 문제를 만들어요. 암과 같은 큰 병을 일으키기도 하고 생식 기능을 떨어뜨리기도 해요. 또 기형아가 태어날 확률도 높이고 어린이가 성장하는 데 문제를 일으키기도 해요.

입으로 분 풍선은 왜 안 떠요?

　기체도 무게가 있어요. 무게도 각각 다르기 때문에 공기보다 가벼우면 떠오르고 공기보다 무거우면 가라앉아요. 보통 풍선에는 헬륨을 넣어요. 헬륨은 공기보다 가볍기 때문에 떠오르지만, 우리가 내뿜는 호흡은 공기보다 무거워요. 그래서 입으로 분 풍선은 하늘로 떠오르지 않아요.

33 웃음이 정말 보약이에요?

　웃을 때 우리 몸의 650개 근육 가운데 231개 근육이 움직여요. 그리고 간과 쓸개, 위, 장 등을 마사지하는 효과를 내며 여러 기관을 튼튼하게 해요. 또 웃으면 스트레스나 긴장도 낮춰 주고 면역력도 높여 준답니다. 그래서 많이 웃으면 감기 같은 질환도 예방할 수 있기 때문에 웃음을 보약이라고 해요.

몸이 아프면 왜 열이 나요?

아플 때 몸에서 열이 나는 이유는 병원균 때문이 아니에요. 우리 몸이 병원균과 싸우기 좋은 환경을 만들기 위해서 내는 열이에요. 병원균은 온도가 높으면 제대로 활동할 수 없거든요. 하지만 열이 너무 높으면 우리 몸속의 조직들이 제 기능을 발휘하지 못해요. 따라서 열이 너무 심하면 열을 떨어뜨려야 해요.

why 35 매운맛은 맛이 아니라면서요?

혀가 느끼는 맛은 단맛, 신맛, 짠맛, 쓴맛이에요. 그런데 매운맛은 조금 달라요. 매운맛은 혀가 느끼는 맛이 아니라 통증이에요. 그래서 고추나 마늘, 양파 같은 매운 것은 혀뿐만 아니라 손으로 만져도 매운 것을 느낄 수 있어요.

아기는 뱃속에서 어떻게 숨을 쉬어요?

엄마 뱃속에 있는 아기는 양수라는 물로 가득찬 아기집에 있어요. 사람은 물속에서 숨을 쉬지 못 하는데 아기는 어떻게 양수 속에서 지낼 수 있을까요? 뱃속에 있는 아기는 우리처럼 코로 숨을 쉬지 않아요. 엄마와 연결된 탯줄을 통해 숨을 쉬어요. 그렇게 열 달을 엄마 뱃속에 있다가 태어나면 그때부터 폐로 숨을 쉬어요.

37 DNA가 뭐예요?

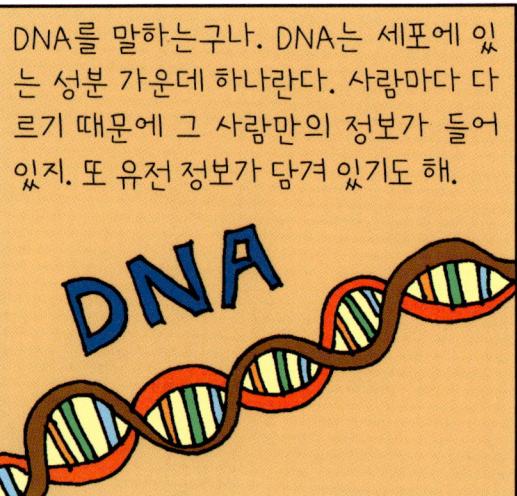

　세포에는 핵이 있고, 그 핵 안에 염색체가 있어요. 이 염색체를 구성하는 성분 가운데 하나가 DNA예요. DNA는 지문처럼 사람마다 달라요. 그리고 우리가 부모님을 닮고 형제끼리 닮은 것을 유전이라고 하는데, 바로 이 DNA에 유전 정보가 담겨 있답니다. 그래서 DNA로 잃어버린 가족을 찾기도 해요.

피는 왜 빨간색이에요?

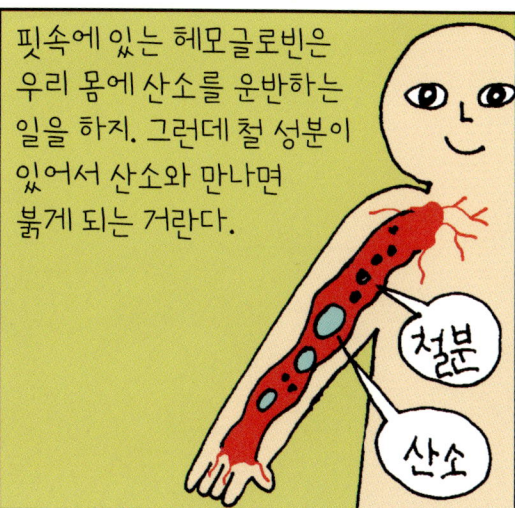

피는 적혈구와 백혈구, 혈소판, 혈장으로 이루어져 있어요. 백혈구는 나쁜 병원균과 싸우고 혈소판은 피가 날 때 피를 굳게 해요. 혈장은 온몸에 영양분을 전해 주는 역할을 하지요. 산소를 운반하는 적혈구에는 헤모글로빈이라는 성분이 있어요. 헤모글로빈에는 철 성분이 있어 산소와 만나면 붉게 돼요. 그래서 피가 빨간색인 거예요.

추울 때 왜 입술이 파래져요?

　우리 몸에는 산소를 많이 가지고 있는 동맥과 이산화탄소를 많이 가지고 있는 정맥이 있어요. 동맥은 붉은색이고 정맥은 검붉은색이지요. 그런데 우리 몸은 추우면 열이 밖으로 나가는 것을 막기 위해 피부의 혈관을 좁혀요. 그러면 혈액의 흐름이 늦어지고 이산화탄소와 결합하는 정맥의 색이 두드러져 입술이 파랗게 보이는 거예요.

여자는 왜 수염이 안 나요?

　사춘기가 되면 우리 몸은 성호르몬으로 조금씩 변화가 생겨요. 남자에게는 테스토스테론이라는 성호르몬이 나오고, 여자에게는 에스트로겐이라는 성호르몬이 나와요. 그래서 여자는 엄마처럼 되고 남자는 아빠처럼 되죠. 여자가 수염이 나지 않는 이유는 남성 호르몬이 나오지 않기 때문이에요.

41 피부색은 왜 다 달라요?

 인종마다 피부 색깔이 다른 이유는 멜라닌 색소 때문이에요. 모든 피부에는 멜라닌 색소가 있어요. 멜라닌 색소는 태양빛으로부터 피부를 보호하는 역할을 하지요. 그래서 태양빛을 많이 받는 사람일수록 멜라닌 색소가 많고 피부 색깔도 검은색에 가까워요.

주사는 왜 팔뚝에도 놓고 엉덩이에도 놔요?

주사는 피부에 맞기도 하고 근육에 맞기도 해요. 또 어떤 주사는 혈관에 놓기도 하지요. 주사 맞는 위치가 다른 이유는 흡수되는 속도가 다르기 때문이에요. 혈관에 맞은 주사가 가장 빨리 흡수되고 피부에 맞은 주사가 늦게 흡수돼요. 근육 주사인 예방 접종은 빨리 맞아야 하기 때문에 팔뚝에 놓는 거예요.

같은 입김인데 왜 '후' 하면 차갑고 '하' 하면 따뜻해요?

우리 몸속에서 나오는 입김은 온도가 똑같아요. 그런데 입김이 어떤 때는 차갑고 어떤 때는 따뜻한 이유는 바람을 부는 입 크기가 다르기 때문이에요. 입을 작게 벌리고 불면 바람이 나오는 속도가 빨라서 온도가 낮아져요. 입을 크게 벌리고 불면 바람이 나오는 속도가 느려서 온도가 낮아지지 않아요.

# 대머리도 비듬이 생겨요?

머리 피부는 어느 정도 시간이 지나면 떨어져 나가요. 이 피부 조각이 땀 또는 머리카락 뿌리에서 나오는 기름 등과 섞여 하얗게 보이는 게 바로 비듬이에요. 따라서 비듬은 대머리도 생겨요. 다만 머리카락이 없어서 바람에 다 날아가기 때문에 비듬이 없는 것처럼 보일 뿐이에요.

아이가 울면 왜 토닥토닥해 줘요?

　아기는 엄마 뱃속에 있을 때 엄마의 심장 소리를 들으면서 자라요. 그런데 태어나면 엄마의 심장 소리가 들리지 않아서 불안해하기도 해요. 그래서 엄마의 심장 뛰는 소리나 뱃속에서 들었던 소리와 익숙한 소리를 들으면 아기는 편안해져요. 등을 토닥여 주는 것도 엄마의 심장 뛰는 것과 울림이 비슷해서 아기가 좋아한대요.

why 46 꿈은 왜 꿔요?

　잠을 잘 때 우리 뇌는 완전히 잠들지 않아요. 얕은 잠에 빠졌다가 깊은 잠에 빠지기도 하고 깊은 잠에서 다시 얕은 잠을 자기도 해요. 꿈은 뇌가 반쯤 깨어 있을 때 꾼다고 해요. 낮에 있었던 일을 뇌가 기억하고 정리하는 것이라고는 하지만, 꿈을 왜 꾸는지 아직 정확하게 밝혀진 것은 없어요.

키가 크려면 어떻게 해야 해요?

뇌에서 나오는 성장 호르몬은 성장판을 자극해서 키가 크도록 해 줘요. 성장판은 팔과 다리, 손가락, 발가락, 손목, 팔꿈치, 어깨, 발목, 무릎, 척추 등 관절이 연결되어 있는 뼈의 끝부분에 있어요. 이 성장판을 자극하는 운동을 하면 키가 크는 데 도움이 돼요. 그리고 잠을 충분히 자고 음식을 골고루 먹는 것도 중요해요.

48 멀미는 왜 해요?

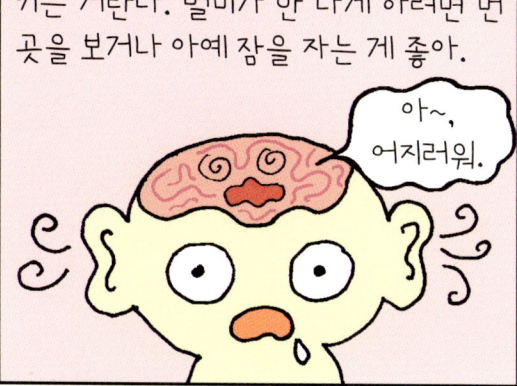

　귀는 소리를 듣는 것뿐만 아니라 몸의 균형을 잡을 수 있도록 해 줘요. 차를 타고 가면 몸은 가만히 있는데 눈앞의 풍경은 빠르게 지나가요. 그러면 귓속에 있는 평형 기관인 반고리관이 느끼는 것과 눈으로 보는 것이 서로 달라 뇌가 혼돈을 일으켜요. 그래서 어지럽고 구토가 나면서 멀미가 나는 거예요.

배에서는 왜 꼬르륵 소리가 나요?

위는 음식을 소화시킬 때 움직이지만 음식을 먹지 않은 때도 움직이는 경우가 있어요. 음식을 보거나 냄새를 맡거나 생각만 해도 마치 위에 음식이 있는 것처럼 위가 움직여요. 빈 상태에서 공기만 가득차 있는 위가 운동을 하면 공기가 소장으로 빠져나갈 때 꼬르륵하는 소리가 나는 거예요.

부러진 뼈는 어떻게 다시 붙어요?

뼈는 우리가 똑바로 서 있을 수 있게 해 줘요. 만약 뼈가 없다면 오징어나 문어처럼 흐물거릴 거예요. 단단한 뼈 겉면은 매끄럽고 속은 여러 층으로 되어 있어요. 그리고 골수로 채워져 있죠. 골수는 피를 만드는 역할을 해요. 만약 뼈가 부러지면 뼈세포들은 뼈조직을 만들기 시작하고 뼈세포들이 자라면서 알아서 붙는답니다.

머리카락은 기를 수 있는데 왜 눈썹은 못 길러요?

　　머리카락과 눈썹은 수명이 달라요. 보통 머리카락은 3년 정도 자라고 눈썹은 1년 정도 자라요. 그래서 머리카락은 길게 기를 수 있지만 눈썹은 길게 자라기도 전에 빠져요. 팔이나 다리에 난 털 역시 수명이 짧아요. 그래서 머리카락처럼 길게 자라지 못한답니다.

독감 예방 주사를 맞으면 독감에 안 걸려요?

　예방 주사는 독감을 예방하는 약을 맞는 게 아니에요. 오히려 병을 일으키는 세균이나 바이러스를 사람 몸 안에 넣는 거예요. 세균이나 바이러스가 우리 몸에 들어오면 우리 몸은 나쁜 세균이나 바이러스를 없애는 '항체'가 생겨요. 그래서 나중에 똑같은 세균이나 바이러스가 침입해도 병에 걸리지 않게 돼요.

화분 바닥에는 왜 구멍이 뚫려 있어요?

　땅에서 자라는 식물은 비가 오거나 물을 주면 땅속으로 스며들어요. 하지만 화분에서 자라는 식물은 물을 다 흡수하지 못하면 화분 속에 물이 고여요. 그러면 뿌리가 썩어서 제대로 영양분을 흡수할 수 없기 때문에 화분에 물이 잘 빠져나도록 바닥에 구멍을 뚫는 거예요.

54 과일은 익으면 왜 색깔이 변해요?

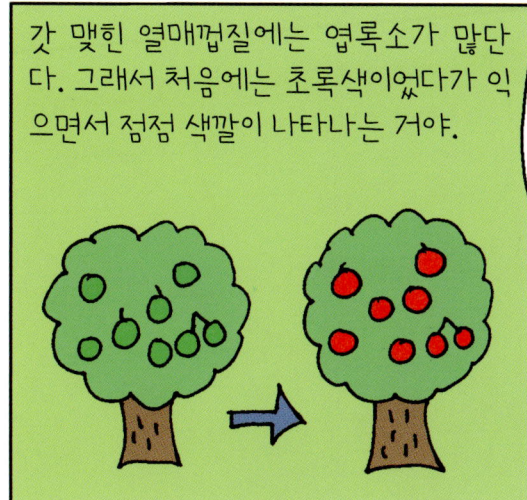

꽃이 지고 나면 대부분 그 자리에 초록색 열매가 맺혀요. 그리고 익으면서 과일 색깔이 점점 변하지요. 모든 과일이 처음에 초록색인 이유는 갓 맺힌 열매껍질에 엽록소가 많이 들어 있기 때문이에요. 그런데 열매가 익어 가면서 온도나 햇볕의 영향으로 엽록소가 점점 사라져요. 그 대신 열매가 가지고 있는 색소가 나타나는 거예요.

선인장은 왜 가시가 많아요?

식물은 물이 있어야 살아갈 수 있어요. 그래서 몸에 물을 저장하지만 잎을 통해 수분이 날아가요. 물이 귀한 사막에 사는 식물들은 수분이 날아가지 않도록 잎의 크기를 점점 줄여 갔어요. 그래서 선인장의 잎이 지금의 가시처럼 변한 거예요.

은행나무 열매는 왜 그렇게 냄새가 고약해요?

　식물도 동물처럼 적으로부터 보호하기 위해 여러 가지 방법을 사용해요. 은행나무는 냄새를 풍기며 곤충이나 동물이 다가오는 것을 막아요. 그리고 은행 열매즙이 동물의 피부에 닿으면 피부병이 생기고 먹으면 설사를 일으키기 때문에 동물들이 꺼려한답니다.

달걀은 삶으면 왜 단단해져요?

달걀은 끈적끈적한 액체로 되어 있어요. 그런데 달걀을 부치거나 삶으면 액체가 단단한 고체가 돼요. 그 이유는 달걀 액체의 주성분이 단백질이기 때문이에요. 단백질은 열이나 압력 등에 의해 상태나 성질이 변화해요. 달걀뿐만 아니라 순두부와 선지 등이 열을 받으면 단단해지는 이유도 이 때문이에요.

겨울에는 왜 수도관이 터져요?

 물은 액체지만 고체인 얼음이 되면 부피가 커져요. 날씨가 추워지면 수도관을 지나던 물이 얼면서 부피가 커져 수도관이 터지는 거예요. 냉동실에 물을 얼릴 때도 물병을 가득 채우지 말고 얼려야 해요. 물을 가득 채우면 물병이 깨질 수도 있어요.

# 불을 끌 때 왜 물을 뿌려요?

불은 공기 중의 산소와 만나야 계속 탈 수 있어요. 만약에 산소와 만나지 못하면 불꽃이 사라져요. 그래서 불이 공기에 닿지 않도록 물을 뿌려 불을 꺼요. 그런데 기름에 불이 붙은 경우 물을 뿌리면 오히려 불길이 커질 수 있어요. 그럴 경우에는 커다란 뚜껑을 덮어 공기와 닿지 않게 해서 불을 꺼야 해요.

겨울에는 왜 길에 하얀 가루를 뿌려요?

겨울에 눈이 오면 길이 미끄럽지 않게 제설제를 뿌려요. 주로 염화칼슘으로 주변에 있는 수분을 흡수하고 눈과 얼음을 빨리 녹게 하지요. 그리고 염화칼슘이 녹아 있는 물은 잘 얼지 않기 때문에 기온이 낮아지는 밤이 되어도 얼음이 되지 않아요.

 무지개는 진짜 일곱 색깔인가요?

하늘에 떠 있는 수많은 물방울에 햇빛이 반사되면 여러 가지 색깔이 나타나요. 그 가운데 우리 눈에 보라색에서 빨간색까지만 보이는 것이 무지개예요. 그런데 사실 무지개 색깔이 정확하게 일곱 가지 색깔로 보이지는 않아요. 다만 뉴턴이 '무지개 색깔은 일곱 가지'라고 정한 후 그렇게 알려지게 된 거예요.

유리는 액체예요, 고체예요?

고체는 규칙적인 형태인 결정으로 이루어져 있어요. 그런데 유리를 이루고 있는 아주 작은 알갱이들은 움직이는 속도가 너무 느려서 결정을 이루지 못한 채 유리가 된 거예요. 그래서 유리는 고체보다는 액체에 가까워요. 실제로 유리를 오래 세워 두면 점점 아래로 흘러 윗부분보다 아랫부분이 두꺼워진답니다.

열대야는 왜 나타나는 거예요?

열대야는 한밤중에도 기온이 낮아지지 않고 25도 이상 계속되는 것을 말해요. 지구는 낮 동안 태양빛을 받아 뜨거워졌다가 밤이 되면 열을 내보내서 기온이 낮아져야 해요. 하지만 습도가 높고 공기의 흐름이 약하면 밤에도 기온이 내려가지 않기 때문에 열대야 현상이 나타나는 거예요.

녹조가 왜 문제예요?

비가 많이 안 오고 햇볕이 쬐는 양이 많아지면 물속에 녹조류와 플랑크톤이 많이 늘어나요. 그러면 물이 초록색이 되는데 이 현상을 녹조라고 해요. 녹조가 수면을 뒤덮으면 물속으로 햇빛도 공기도 들어가지 못해 물속 생물이 죽게 돼요. 그뿐 아니라 강 주위의 생태계에도 큰 영향을 줄 수 있어요.

사과는 깎아 놓으면 왜 색깔이 변해요?

사과 껍질을 깎아 놓으면 겉에 색깔이 연한 갈색이 돼요. 그 이유는 사과에는 공기 중의 산소와 만나면 갈색 색소를 만드는 물질이 있기 때문이에요. 사과뿐만 아니라 깎아 놓은 과일이나 야채 색깔이 변하지 않게 하려면 겉 부분이 산소와 만나지 않도록 소금물이나 설탕물에 담가 두면 돼요.

곶감의 하얀 가루는 먹어도 돼요?

감은 마르면서 당분이 밖으로 나와요. 곶감 겉에 묻은 하얀 가루가 바로 당분이에요. 하얀 가루가 많다는 것은 그만큼 달다는 뜻이에요. 그리고 하얀 가루는 곶감의 수분을 일정하게 해서 곶감이 딱딱해지지 않고 말랑말랑하도록 해 줘요.

지구가 도는데 우리는 왜 어지럽지 않나요?

　지구가 도는 속도는 초속 465미터예요. 그렇게 빠른 속도로 도는데도 어지럽지 않은 이유는 지구의 모든 물체가 같이 움직이고 있기 때문이에요. 지구보다 훨씬 느린 속도지만 놀이기구를 타면 어지러운 이유는 주위의 물건은 가만히 있고 내가 탄 놀이기구만 돌기 때문이에요.

번갯불에 콩을 볶아 먹을 수 있나요?

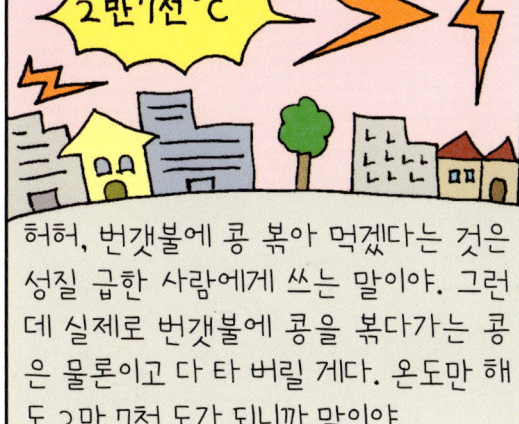

성질이 급하고 뭐든 당장 해치우려는 사람에게 '번갯불에 콩 볶아 먹겠다'라고 해요. 그런데 번개는 빛의 속도로 떨어져요. 아주 빠르기 때문에 번개가 떨어지는 자리에 정확하게 프라이팬을 대는 것이 쉽지 않을 거예요. 그리고 번개의 전압도 높고 온도도 2만 7천 도나 돼요. 만약 번갯불에 콩을 볶다가는 몽땅 시커멓게 타 버릴 거예요.

why 69 번개는 왜 지그재그로 쳐요?

번개는 전기예요. 그런데 공기는 전기가 통하지 않아요. 그래서 번개가 치는 순간 공기 분자들이 음이온과 양이온으로 나누어 번개가 지나갈 길을 만들어 줘요. 그런데 성질 급한 번개가 전기가 통하기 쉬운 길을 찾아 지나가다 보니 제멋대로 지그재그로 내리치게 되는 거예요.

우리나라는 왜 석유가 안 나와요?

먼 옛날 고대 식물과 해양 생물이 죽어 모래나 진흙에 묻힌 후, 오랜 시간이 지나고 엄청난 압력을 받으면 석유가 돼요. 대부분 석유는 신생대 지층에서 나오는데 우리나라 지층은 대부분 고생대 지층이에요. 그래서 석유가 나올 수 있는 확률이 적어요.

공포 영화는 왜 여름에 많이 나와요?

여름에 공포 영화가 유행하는 이유는 공포 영화를 보면 시원해지기 때문이에요. 무서운 것을 보거나 무서운 느낌이 들면 심장 박동이 빨라지고 혈관이 좁아져서 손발이 차가워져요. 또 식은땀도 나고 털이 곤두서기도 해요. 마치 우리 몸이 추위를 탈 때와 비슷하기 때문에 공포 영화를 보면 체온이 내려가면서 더위를 식힐 수 있어요.

why 72 비상구 불빛은 왜 초록색이에요?

빨간색은 눈에 잘 띄는 색이에요. 그런데 우리 눈은 어둠 속에서 빨간색보다 초록색을 더 잘 봐요. 비상구는 건물 안에서 밖으로 대피하는 문이에요. 그리고 건물 안에서는 대부분 불이 나거나 정전이 되는 등 어두운 경우가 많아요. 그래서 비상구 불빛이 빨간색이 아닌 초록색으로 만든 거예요.

쓰레기는 왜 냄새가 나요?

　음식 쓰레기에서 냄새가 나는 이유는 박테리아 때문이에요. 박테리아가 음식 찌꺼기를 썩게 만들어 냄새가 나게 하거든요. 종이나 플라스틱 쓰레기 등 물기가 없는 쓰레기는 냄새가 나지 않을 거예요. 하지만 습기가 차면 곰팡이도 생기고 썩기 시작하면서 역시 냄새가 나요.

 같은 나무인데 어떤 때 재가 되고 어떤 때 숯이 돼요?

숯은 나무를 태워 만든 거예요. 보통 나무를 태우면 재가 돼요. 그런데 아주 높은 온도에서 여러 날 태우면 숯이 된답니다. 숯을 만들려면 숯가마에 나무를 꽉 채워요. 그리고 공기가 통하지 않도록 입구를 진흙으로 막고 약 섭씨 400~600도의 높은 온도에서 사흘 동안 구우면 숯이 돼요.

why 75 이글루에서 불을 피우면 다 녹나요?

이글루는 얼음으로 만든 이누이트족의 집이에요. 이글루 안에서는 모닥불을 피운답니다. 모닥불 때문에 얼음이 다 녹을 듯하지만 오히려 집이 더 단단해져요. 왜냐하면 모닥불 때문에 조금씩 녹은 얼음물이 찬바람에 다시 단단하게 얼어붙거든요. 물론 모닥불을 아주 거대하게 피운다면 이글루는 완전히 녹아내릴 거예요.

76 바닷물은 왜 마시면 안 돼요?

똑같은 물인 듯하지만 목이 마르다고 바닷물을 마셨다가는 큰일 나요. 우리 몸의 세포들은 농도를 맞추려고 해요. 그래서 짠물이 우리 몸에 들어오면 세포들이 물을 내보내요. 그러다 보면 갈증이 더 나고, 그렇다고 바닷물을 계속 마신다면 온몸에 수분이 빠져나가 결국 목숨을 잃게 돼요.

고양이 수염은 왜 자르면 안 돼요?

고양이 수염은 아주 중요한 안테나예요. 고양이 수염의 뿌리에는 촉각을 느끼는 신경 세포가 있어서 고양이는 수염으로 방향과 거리, 온도 등을 알 수 있어요. 만약 고양이 수염을 잘라 버리면 방향을 제대로 잡지 못하고 위험한 상황을 알아차리지 못할 수도 있어요. 따라서 고양이 수염은 절대 잘라서는 안 돼요.

# 물고기도 잠을 자나요?

　물고기는 눈꺼풀이 없어서 늘 눈을 뜨고 있는 것 같아요. 그리고 물속에 떠 있기 때문에 늘 깨어 있는 듯해요. 하지만 물고기들도 잠을 자요. 물고기가 거의 움직이지 않고 있다면 눈을 뜨고 있다고 해도 자는 거예요.

개는 왜 혀를 내밀고 헉헉거려요?

개가 혀를 내밀고 헥헥거리는 이유는 체온을 조절하기 위해서예요. 개는 땀샘이 거의 없어요. 사람은 체온이 올라가면 땀을 내서 열을 식히지만, 개는 땀을 낼 수 없기 때문에 혀를 내밀어 시원한 공기를 받아들이며 체온을 내려요. 이때 침을 흘리는 것도 몸속의 열을 낮추기 위한 거랍니다.

파리는 왜 다리를 비벼요?

파리 발바닥에는 다른 물건에 달라붙거나 음식의 맛을 보는 기관이 있어요. 이 기관에 먼지가 묻으면 제 기능을 하지 못하기 때문에 파리는 다리를 비벼 먼지를 털어 내요. 그리고 파리는 다리를 통해 냄새를 맡는다고 해요. 파리가 음식에 앉아서 가만히 있는 것은 맛을 보고 있는 중이라고 해요.

매미는 왜 여름에 그렇게 우는 거예요?

매미는 애벌레 상태로 땅속에서 살아요. 그것도 5~17년 땅속에서 살다가 땅 위로 올라와 어른벌레가 돼요. 오랫동안 땅속에 있던 것에 비해 매미는 땅 위에서 일주일에서 한 달 정도밖에 못 살아요. 그사이 짝짓기를 하려고 수컷 매미가 암컷 매미를 부르기 위해 쉬지 않고 우는 거예요.

모기에 물리면 왜 간지러워요?

　모기는 뾰족한 주둥이로 사람과 동물의 살갗을 찌르고 피를 빨아 먹어요. 모기가 살갗을 찌를 때 피가 나지만 피는 몸 밖으로 나오면 딱딱하게 굳어 버려요. 피가 굳으면 모기가 계속 피를 빨 수 없기 때문에 피가 굳지 않는 액체를 내보낸답니다. 이 액체 때문에 모기가 물린 곳이 가려운 거예요.

새우랑 게는 삶으면 왜 빨개져요?

아스타산틴이라는 붉은색 색소가 있어요. 이 색소는 단백질과 만나면 암청색이 돼요. 그리고 열을 가하면 단백질과 분리되면서 본래의 색인 붉은색으로 돌아와요. 새우나 게 껍데기에도 아스타산틴이라는 색소가 있어요. 그래서 보통 때는 어두운색이었다가 열을 받으면 빨갛게 되는 거예요.

# 84 카멜레온은 어떻게 색을 바꾸는 거예요?

카멜레온이 피부 색깔을 자주 바꿀 수 있는 이유는 카멜레온 피부 밑에 색깔을 내는 세포가 있기 때문이에요. 카멜레온의 피부 색깔은 빛이나 온도 그리고 감정에 따라 변해요. 흥분하면 색이 엷어지고 햇빛이 강하면 암갈색, 추우면 회색으로 변해요. 또 얼룩무늬로 변하기도 한답니다.

산호가 동물이라면서요?

산호는 마치 바다 속에 사는 나무 같아요. 하지만 산호는 식물이 아니라 동물이에요. 낮에는 꼼짝 않고 있지만 밤이 되면 촉수를 사용해 동물성 플랑크톤이나 새우, 게, 작은 물고기 등을 잡아먹어요. 다 먹은 다음에는 항문이 없어서 찌꺼기를 입으로 다시 내보낸답니다.

곰은 겨울잠을 잘 때 오줌도 참아요?

곰이 겨울잠을 자는 이유는 겨울이 되면 먹을 게 없기 때문이에요. 그런데 겨울잠을 잔다고 해도 깊은 잠에 빠져드는 것은 아니에요. 겨우내 새끼도 낳고 젖을 먹이기도 해요. 또 위험하면 도망가기도 하므로 잔다기보다 졸고 있는 정도예요. 그러니까 오줌을 참지는 않아요.

# 동물들은 여름잠은 안 자요?

　아주 추우면 겨울잠을 자듯 아주 더운 열대 지방에는 여름잠을 자는 동물들이 있어요. 날씨도 덥고 먹을 것도 없어지기 때문이죠. 악어나 도롱뇽, 달팽이 등은 물이 마르면 진흙 속에 들어가 여름잠을 자요. 바다에 사는 해삼도 날이 더워지면 바다 깊숙한 곳으로 들어가 여름잠을 잔답니다.

물고기는 어떻게 물속에서 숨을 쉬어요?

우리가 물속에서 숨을 쉴 수 없다고 해서 물속에 산소가 없는 것은 아니에요. 물속에도 공기가 있어요. 그리고 해양 생물들도 산소가 있어야 살 수 있어요. 물고기는 물속의 산소를 아기미로 걸러내요. 그러면 산소는 아가미를 통해 흡수되고, 이산화탄소는 아가미를 통해 몸 밖으로 내보내는 거예요.

물고기도 나이를 알 수 있나요?

　물고기의 비늘에는 동그란 선이 있어요. 이 선은 물고기가 자라면서 하나씩 늘어나요. 물고기는 추운 겨울에는 더디 자라고 따뜻한 여름에는 빨리 자라요. 그래서 나이테처럼 비늘에 선이 생기는 거예요. 그 외에도 척추뼈나 지느러미 가시에 나타나는 무늬 등에서도 물고기 나이를 알 수 있어요.

비 오는 날은 왜 그렇게 지렁이가 많은 거예요?

흙속에 사는 지렁이는 피부로 숨을 쉬어요. 그런데 비가 오면 땅속으로 빗물이 스며들어 숨을 쉴 수 없게 돼요. 그래서 비오는 날에 지렁이들이 땅 위로 올라오는 거예요. 평소에 지렁이들은 흙 사이를 기어다니면서 공간을 만들어 숨을 쉬어요. 덕분에 흙이 부드러워져 식물이 쉽게 뿌리를 내릴 수 있어요.

반딧불이는 어떻게 불빛을 만들어요?

　반딧불이는 개똥벌레라고도 해요. 꽁무니에 빛을 내는 기관이 있어서 마치 전등을 켠 듯이 연둣빛이나 노란색으로 반짝여요. 반딧불이는 환경이 깨끗한 곳에서만 산답니다. 그래서 특정한 환경 조건을 나타내는 대표적인 생물로 알려져 있어요.

거미는 어떻게 거미줄에 안 걸려요?

거미는 먹이를 잡아먹기 위해 엉덩이에서 실을 뽑아 거미줄을 만들어요. 거미줄에 걸려든 먹이들은 옴짝달싹 못하지만 거미는 거미줄 사이사이를 잘 다녀요. 거미줄은 가로줄만 끈적거리거든요. 그래서 거미는 세로줄로만 다니고 몸에서는 거미줄에 달라붙지 않게 하는 기름 성분이 나오기 때문에 거미줄에 걸리지 않아요.

why 93 소라 껍데기에 귀를 대면 왜 파도 소리가 들려요?

 큰 소라 껍데기는 꼬불꼬불 말려 있는 안쪽까지 공기로 가득 차 있어요. 그 속으로 소리가 들어가면서 안쪽에 있는 공기가 진동을 해요. 그러면서 나는 소리가 마치 우리 귀에는 파도 소리처럼 들리는 거예요. 소라 껍데기뿐만 아니라 빈 깡통이나 밥공기 등을 귀에 대도 비슷한 소리가 들려요.

why 94 목이 긴 기린은 목뼈가 몇 개예요?

기린은 목이 길지만 목뼈의 수는 사람과 똑같은 일곱 개예요. 대부분의 포유류는 목뼈가 일곱 개예요. 다만 목뼈의 굵기나 크기가 다를 뿐이에요. 기린은 다른 동물들은 먹지 못한 나무 꼭대기에 달린 잎사귀까지 먹다 보니 긴 목이 유리해요.

뱀은 왜 혀를 날름거려요?

뱀은 코가 아닌 혀로 냄새를 맡아요. 냄새는 눈에 보이지 않는 작은 입자로 되어 있어요. 뱀은 혀를 날름거리면서 그 입자를 가져와 냄새를 구별한답니다. 그리고 뱀은 혀로 열을 느끼기도 해요. 그래서 어둠 속에서도 먹이를 잘 찾아내 공격할 수 있어요.

비가 많이 와서 개미집에 물이 차면 어떻게 해요?

개미집은 입구가 아주 작아서 빗물이 흘러들어가는 일이 적어요. 그리고 개미는 어느 정도 깊이로 방을 만든 다음 옆으로 방의 수를 늘려요. 그렇게 여러 갈래로 나누어져 있기 때문에 행여 빗물이 들어온다고 해도 소중한 알이나 음식 저장하는 방이 물에 차는 일은 별로 없어요.

# 알은 왜 타원형 모양이에요?

알이 타원형인 이유는 알을 보호하기 위해서예요. 타원형은 굴러가도 똑바로 가지 않고 부채꼴 모양으로 돌아서 다시 제자리로 돌아와요. 그리고 타원형 알은 충격을 흡수할 수 있어서 깨질 위험도 줄어요. 그런데 모든 알이 둥근 것은 아니에요. 군소의 알은 국숫발처럼 길어요. 심지어 복상어의 알은 주사위처럼 정육면체로 생겼어요.

벌레는 왜 빛을 보면 날아들어요?

　여름밤에 가로등 밑을 보면 나방이나 날벌레들이 잔뜩 모여 있어요. 나방이나 모기 그리고 날벌레들은 빛이 있는 곳으로 모여드는 성질이 있기 때문이에요. 하지만 모든 벌레들이 빛을 좋아하는 것은 아니에요. 바퀴벌레나 귀뚜라미 같은 곤충은 반대로 빛이 없는 곳을 더 좋아해요.

고래 머리에서 나오는 물은 바닷물이에요?

고래는 새끼를 낳고 콧구멍을 통해 폐로 숨을 쉬는 포유류예요. 고래 콧구멍은 머리 꼭대기에 있어요. 물 위에서 숨을 잔뜩 마시고 물속에 들어갔다가 공기가 떨어지면 물 위로 올라와 숨을 내쉬어요. 이때 콧구멍 주위에 있던 물이 콧바람과 함께 분수처럼 솟아오르는 것이 마치 물을 쏘아 올리는 것처럼 보이는 거예요.

의사는 수술실에서 왜 푸른빛 가운을 입을까

　수술을 하면 오랫동안 빨간 피를 봐야 해요. 특히 강한 조명 아래에서 수술을 하면 빨간색을 보는 눈의 세포가 피곤해져요. 그 상태에서 하얀 가운을 보면 초록색 잔상이 생겨 수술이 잘못될 수도 있어요. 그렇기 때문에 눈에 피로를 덜 주는 초록색이나 푸른색에 가까운 수술복을 입는 거예요.

아·빠·가·알·려·주·는·자·기·경·영·방·법

태토의 부자 되는 시간

이 책은 부자 되는 법을
가르쳐 주는 경제 동화입니다!

태토는 누구일까요?

태토는 엄마 아빠를 사랑하고
게임을 좋아하는 평범한 초등학생이에요.
그런데 어느 날 미래의 자신에게
메시지를 받고 달라졌어요.
태토는 과연 어떻게 달라졌을까요?

자두 낱말 퍼즐

교과서를 분석하여 꼭 알아야 할 단어만을 뽑았습니다!

❶ 1·2학년 공부의 기초!
   교과서 낱말 퍼즐
❷ 3·4학년 공부의 기초!
   교과서 낱말 퍼즐
❷ 5·6학년 공부의 기초!
   교과서 낱말 퍼즐

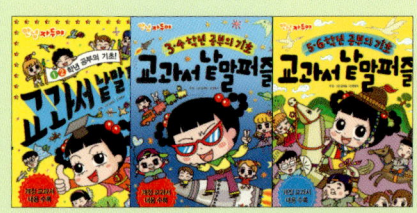

자두의 과학일기

과학일기 시리즈는 과학 속에서 부딪히는 궁금증을 알차고 명쾌하게 풀어 줍니다.

❶～⑮권

자두 역사 일기

각 시대의 인물, 사건, 제도, 생활 모습을 구분하여 설명했기 때문에 역사의 흐름을 단숨에 파악할 수 있습니다.

❶ 두근두근 역사 일기 [조선 시대]
❷ 콩닥콩닥 역사 일기 [고려 시대]
❷ 갈팡질팡 역사 일기 [삼국 시대]